© 2010, Editorial Corimbo por la edición en español
Avda. Pla del Vent 56, 08970 Sant Joan Despí, Barcelona
e-mail: corimbo@corimbo.es
www.corimbo.es
Traducción al español del francés de Rafael Ros
1ª edición mayo 2010
Texto e ilustración © Eitaro Oshima 2009
Publicado originalmente por Fukuinkan Shoten Publishers, Inc.,
Tokio, Japón en 2009 con el título:
«Mukashi Mukashi Tora To Neko Wa - Chugoku No»
Impreso en Francia por Aubin, Poitiers
ISBN 978-84-8470-372-3

Eitaro Oshima

EL TIGRE Y EL GATO

Corimbo

Érase una vez un tigre y un gato que vivían
en una montaña. En esos tiempos,
el tigre no era como hoy en día; era tontorrón
y no sabía cazar. Por eso, los animales,
lejos de temerle, siempre se burlaban de él:
—¡Qué tonterías hace, señor Tigre!

El gato era todo lo contrario del tigre. Era rápido
y virtuoso en la caza. Bastante más pequeño que el tigre,
iba a la montaña cada día y capturaba muchas presas.
Cada vez que el tigre le veía, pensaba: «Aaaah,
cómo me gustaría a mí ser también un buen cazador…»

Así aconteció que, un día, el tigre fue a encontrarse con el gato
a su casa y le dijo:
—Señor Gato, me gustaría mucho convertirme en un cazador tan
bueno como tú, y querría que me enseñaras a capturar las presas.
El gato no tenía muchas ganas de ser su profesor,
pero tanto insistió el tigre que terminó por responderle:
—Bueno, señor Tigre, ya que su deseo de aprender a cazar es
tan grande, venga mañana a primera hora, bajo este roble, sin decir
nada a nadie. Voy a enseñarle.

A la mañana siguiente,
el tigre esperaba al gato bajo
el roble, tal como le había dicho.
El gato no tardó en llegar.
—¡Hola, señor Tigre!
Ha logrado levantarse temprano.
Voy a enseñarle sobre el terreno
todos los secretos del oficio.
Pero antes que nada, señor Tigre,
me ha de hacer una promesa.
Como verá, lo que le enseñaré
es un saber secreto que nos ha
sido transmitido de padres
a hijos a nosotros, los gatos.
Por eso no deberá revelarlo
jamás a los otros animales.
—Oh, claro, puedes contar con
mi silencio —respondió el tigre.

La primera cosa que el gato decidió enseñar al tigre fue
cómo acercarse a una presa sin hacer ruido.

—¿Está usted preparado, señor Tigre? Cuando descubra una presa,
debe procurar acercarse sin hacerse notar y en completo silencio.
¡Oh, mire allí, señor Tigre! ¿Ve ese pato salvaje? Acérquese a él despacio
y sin que le vea… Por desgracia, al acercarse atolondradamente, las hierbas
crujieron bajo las patas del tigre y el pato, alertado, se fue volando.

—¡Vaya, vaya, señor Tigre! No ha ido muy bien la cosa.

Entonces, el gato enseñó al tigre su método para acercarse a una presa discretamente.
—¿Está listo, señor Tigre? Sólo hay una manera de acechar a una presa:
hay que arrastrarse por la hierba y avanzar sin hacer ningún ruido. ¡Haga como yo!

Entonces el tigre hizo como el gato y se entrenó con ahínco. Y a fuerza
de entrenar cada día, sin desfallecer, consiguió ser tan silencioso como el gato.

La segunda cosa que el gato quiso enseñar al tigre fue **cómo correr veloz.**

—¿Está preparado, señor Tigre? Para atrapar a una presa, hay que correr rápido.

Dirán lo que quieran, pero para perseguir a un ciervo o a un conejo,

lo más importante es correr veloz.

Bueno, señor Tigre, imagine una presa a la vista y corra lo más rápido que pueda. Pero al ver al tigre corriendo, el gato exclamó:—¡Vaya, vaya! Demasiado lento, es usted demasiado lento. ¡A esa velocidad no podrá atrapar nunca a una presa!

Entonces el gato enseñó al tigre su método
para correr rápido.

—¿Está listo, señor Tigre? Primero tiene
usted que agarrarse al suelo con todas sus
fuerzas. Entonces debe contraer el cuerpo para,
inmediatamente, estirarse como un resorte.
¡Pruebe a hacerlo como le he dicho!

Entonces el tigre hizo como el gato y se
entrenó con ahínco. Y a fuerza de entrenar
cada día, sin desfallecer, consiguió correr
tan veloz como el gato.

Después, fue una lección especial la que el gato decidió enseñar al tigre:
cómo saltar de un sitio elevado.

—¿Está listo, señor Tigre? Muchas veces tendrá necesidad de saltar de un sitio elevado para atrapar a su presa. Nosotros los gatos sabemos cómo hacerlo sin lastimarnos.

Pero este truco no es como los demás, es mucho más difícil.

¿Quiere probar, a pesar de todo, señor Tigre?

—¡Oh, sí, claro! Estoy deseoso
de que me lo enseñes.
—Bien —respondió el gato—.
Vamos, salte después de mí.

Entonces el tigre saltó, pero con
poca convicción. Por desgracia,
se cayó para atrás y se hizo mucho
daño en la espalda.
—¡Ay, ay, ay!

—¡Vaya, vaya, señor Tigre! No ha
ido muy bien la cosa —dijo el gato—.
Está claro que si se cae de espaldas,
se romperá los riñones.

Entonces el gato enseñó al tigre a saltar de un sitio elevado.

—¿Listo, señor Tigre? Cuando salte de un sitio elevado, primero hay que mantener la sangre fría y, al saltar, utilizar la cola como contrapeso. Luego, aterrice sobre la punta de las patas, sin dañarse y con seguridad. Ahora, ¡haga cómo le he indicado!

Pero esta prueba era tan difícil que el tigre falló nuevamente y tuvo que repetir una y otra vez. Pero no abandonó y continuó probando con ahínco. Tanto probó, que acabó por saltar con tanta habilidad como el gato.

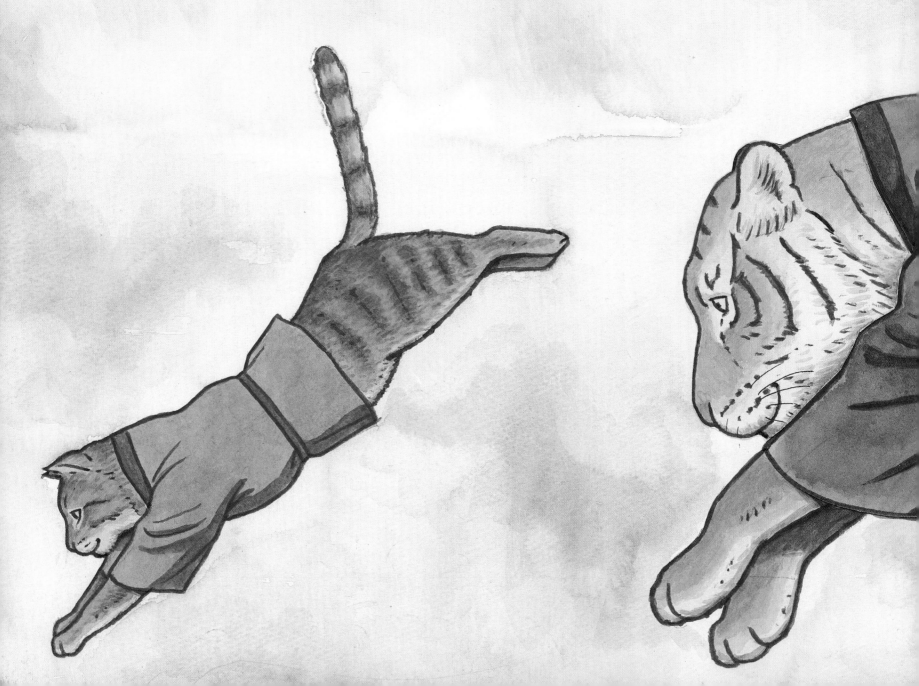

Y así fue que, gracias a las enseñanzas del gato,

el tigre terminó por ser tan rápido y hábil en la caza como él.

—Bueno, señor Tigre, ahora ya conoce todos mis trucos.

Bravo, ha tenido constancia hasta el final. Le felicito.

A estas palabras, el tigre respondió:

—Ah, señor Gato, cómo te lo agradezco. Sin embargo, señor Gato,

falta una última cosa que me gustaría conocer.

—¿Ah, sí? ¿Cuál?

Entoces el tigre sonrió irónicamente:

—¡Ya ves! Acabo de recordar que nunca he comido gato y,

vistas las circunstancias presentes, creo que me gustaría mucho…

Me gustaría con locura saber…

… ¡Qué gusto tiene el gato!

Sin previo aviso, se precipitó sobre
el gato para devorarlo.

¡Menuda sorpresa para el gato,
que salió huyendo a la carrera!

¡El gato corre!
¡El tigre corre detrás!

El gato es un corredor rápido, el tigre también. ¿Por qué? Pues porque había
aprendido de él. El tigre está a punto de atraparlo cuando, en el último momento,
el gato da un brinco sobre el único árbol que había en las inmediaciones.

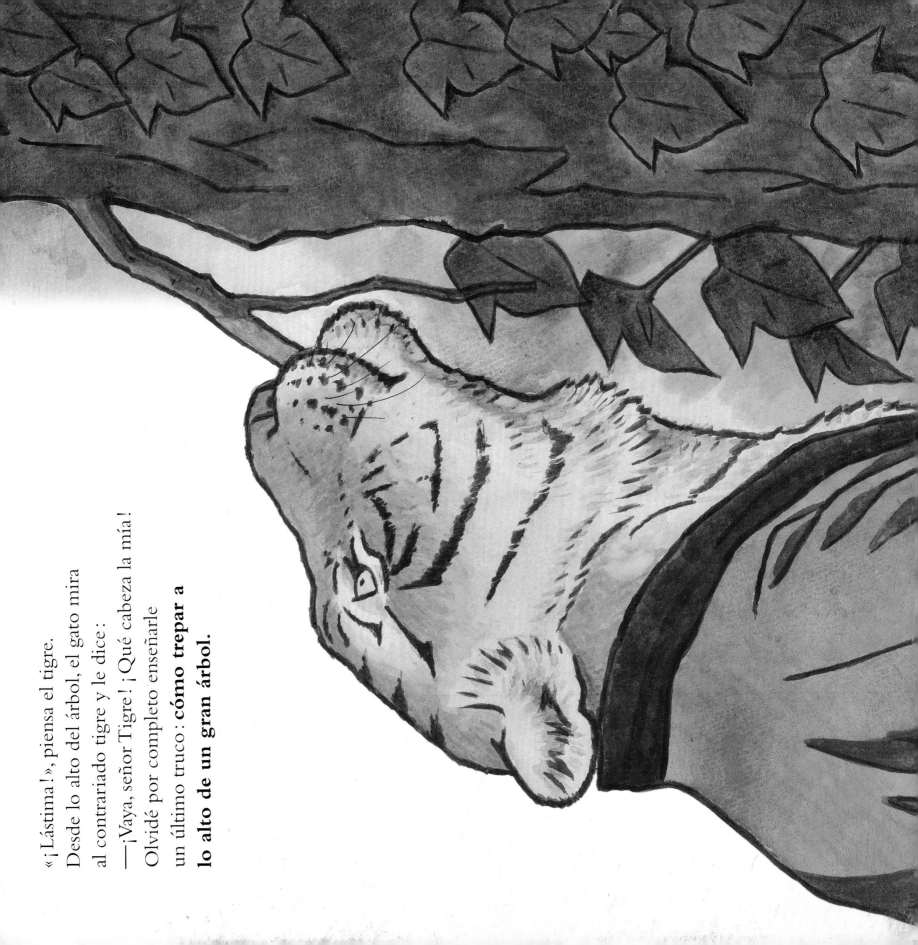

«¡Lástima!», piensa el tigre.
Desde lo alto del árbol, el gato mira
al contrariado tigre y le dice:

—¡Vaya, señor Tigre! ¡Qué cabeza la mía!
Olvidé por completo enseñarle
un último truco: **cómo trepar a
lo alto de un gran árbol.**

Esa es la razón por la que, aún hoy día, los tigres no saben trepar a lo alto
de los grandes árboles y las relaciones entre los gatos y los tigres son deplorables.
Los tigres continúan vagabundeando por las profundidades de los bosques,
en busca de los gatos...

Por este motivo los gatos prefieren vivir
en las casas de los humanos, a las que los
tigres se guardan bien de acercarse.

Las costumbres de los tigres y los gatos

Los tigres y los gatos pertenecen a la familia de los felinos.
En general, los gatos, los leopardos, etc. saben trepar
a los árboles. Incluso alguna vez, los leones lo hacen.
Pero los tigres son la única excepción y no trepan jamás.
Este cuento popular proviene de China, donde viven
multitud de especies de tigres y donde conocen bien
las costumbres de los tigres y los gatos.

Nota de traducción:

*El lector habrá sin duda reparado en que,
mientras el tigre tutea al gato, éste habla
de usted a su alumno. Es porque
en japonés, aunque el lenguaje del gato
es siempre respetuoso, el tigre se expresa
a la manera de un rey algo mal educado,
a quien todo le está permitido.*